FENG SHUI

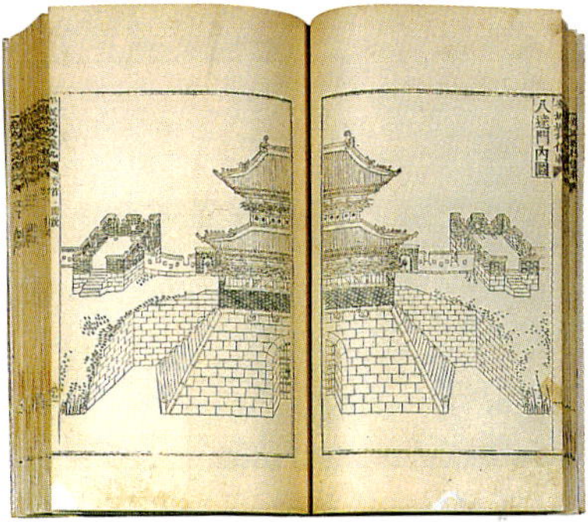

SAGESSE D'ANTAN

LE FENG SHUI

Sonya Hwang

KÖNEMANN

Réalisation : Complete Editions, London

Titre original : Ancient Wisdom For The New Age –
Feng Shui, the secrets of harmony

Traduction de l'anglais : Carole Coen
Lecture : Agnès Boucetta, Paris
Responsable de l'édition : Aggi Becker
Suivi éditorial : Sybille Kornitschky
Réalisation : Cosima de Boissoudy
Assemblage : Reproservice Pees, Essen
Chef de fabrication : Detlev Schaper
Impression et reliure :
Sing Cheong Printing Co. Ltd. Hong Kong
Imprimé en Chine
ISBN 3-8290-2809-1

10 9 8 7 6 5 4 3 2 1

SOMMAIRE

À TRAVERS LES ÂGES

Aujourd'hui à la mode pour soulager les maux de l'existence, le feng shui puise son origine il y a 3 000 ans, dans les souffrances du monde agraire chinois. Signifiant littéralement « vent et eau », le feng shui trouve son fondement dans les premiers enseignements chamaniques, à l'époque du règne de l'empereur Fuxi. Initiateur du premier *Yi-king*, ou *Classique des mutations*, il formula les huit trigrammes originaux — des groupes de trois lignes représentant les forces yin et yang — en observant la carapace d'une tortue. Selon une autre légende, c'est à Yu, un infirme, qu'échut le fameux *Livre du pouvoir sur l'eau*, qui lui permit d'endiguer les inondations menaçant son village. Sa sagesse le promut au rang d'empereur. Les deux systèmes coexistèrent : le pa koua (symbole octogonal formé

par les trigrammes) de Fuxi — le Ciel antérieur —, qui indique l'emplacement idéal au présent, et le pa koua de Yu — le Ciel postérieur —, qui prédit les changements. Issu du Yi-king, le feng shui se développa tout au long de la redoutable dynastie Shang jusqu'à l'avènement de la dynastie Zhou, fondée par le roi Wen. Sous l'influence de ce dernier, le système du Yi-king se perfectionna dans l'art de la divination. Par son livre de commentaires, le duc de Zhou, son fils, compléta les trois volumes du Yi-king que nous connaissons aujourd'hui.

Ciel antérieur

Ciel postérieur

Un autre personnage légendaire, le fameux Huangdi, « l'Empereur jaune », vécut vers 2700 av. J.-C. La légende dit qu'il se perdit en poursuivant un bandit : ce dernier avait invoqué les forces magiques pour noyer les montagnes dans la brume. La Dame des Neuf Paradis vint en aide à l'empereur : elle lui fit don de la science de la boussole, qui reste, aujourd'hui encore, l'un des instruments de base du feng shui. Le petit-fils du roi Wen hérita de ce savoir, qu'il conjugua au pa koua du ciel antérieur pour déterminer l'emplacement de ses palais. Ces premiers empereurs complétèrent leur connaissance approfondie de la terre par l'étude des cieux. On inventa des calendriers primitifs et, sous le règne des Shang puis de la dynastie Zhou, les Souches célestes furent assorties aux cinq éléments. Les douze symboles animaux sont entrés en usage à l'époque de Confucius.

Quittant peu à peu les limbes de la légende, le feng shui acquit le statut de méthode divinatoire privilégiée. Il faudra cependant attendre la dynastie Tang, au IXe siècle apr. J.-C., pour qu'apparaisse un texte consacré à cet art. Il fut inspiré par le spectaculaire paysage montagneux de la province de Kuei-lin. C'est ici que Yang Yun-sung, un érudit, fonda l'école feng shui de la Forme : aux montagnes furent associées des silhouettes d'animaux, et plus particulièrement celles du dragon et du tigre. Peu après, d'autres écoles virent le jour, parmi lesquelles l'École de la Boussole ou de la Méthode des Huit Directions, celle de la Méthode des Huit Maisons, et l'École de l'Étoile Filante.

Les Écoles de la Forme et de la Boussole restent étroitement liées : toutes deux reposent sur nombre de traditions mythiques rejetées par les puristes. Des travaux anciens, seuls les titres nous sont parvenus : les textes auxquels nous avons accès semblent être l'œuvre d'auteurs plus récents et moins prestigieux.

Sous les Son, de 960 à 1279 apr. J.-C., les spécialistes du feng shui se firent plus nombreux et une école, les Trente-Six Méridiens, fut fondée. Elle produisit un traité sur les formes et les silhouettes des montagnes, déterminant des cadres propices aux sites résidentiels et funéraires.

L'étude de la relation entre les constructions et leur environnement est désignée par le terme yang, ou feng shui positif. Il existe cependant un aspect yin, ou feng shui négatif, qui se rapporte à l'usage le plus ancien de cet art : il s'applique non pas aux maisons des vivants mais à celles des morts. On consultait le chaman, ou praticien du feng shui, à propos des rites funéraires, de l'alignement de la tombe et de la date de l'enterrement. Ces cérémonies baignaient dans une atmosphère de mythes et de magie : lorsqu'un membre de la famille mourait loin de chez lui et que le chaman parvenait à désigner un site funéraire propice en son lieu natal, il était de son pouvoir de transférer le corps d'une tombe à l'autre.

Nous aussi, nous pouvons invoquer à travers les âges la sagesse de Fuxi et celle du roi Wen, qui, l'un par ses trigrammes et l'autre par son Yi-king, ont posé ensemble les fondements du feng shui, pour nous permettre de mieux gérer les tensions et les contraintes de notre vie quotidienne.

LE YIN ET LE YANG

Ce sont les énergies de base de l'univers. Elles poursuivent une activité constante en fonction des mois et des années, des saisons, du temps, des conditions astrologiques et du flux interne des énergies individuelles.

L'élément féminin fondamental dans l'ordre éternel du monde est représenté par le yin. Il correspond au mystère des profondeurs de la nuit, à la terre endormie en hiver, à la lune, au cycle de la femme et à sa créativité. Le yang est l'élément masculin vital. Il est associé à la lumière du soleil, à la force et à la fermeté, à la confiance en soi et à la certitude, au cycle des saisons.

Dans le feng shui, le yin désigne les parties sereines et inactives d'une pièce : celles où ne se trouvent ni porte, ni fenêtre, ni ouverture. Le yang représente au contraire la partie vitale, où se déroule l'action, et qui comporte donc portes, fenêtres ou ouvertures. L'objectif du praticien du feng shui est d'organiser la pièce de telle sorte que les forces yin et yang s'équilibrent. L'intensité de ces forces se mesure à l'aide d'une boussole Lo'Pan, évoquée plus loin dans cet ouvrage.

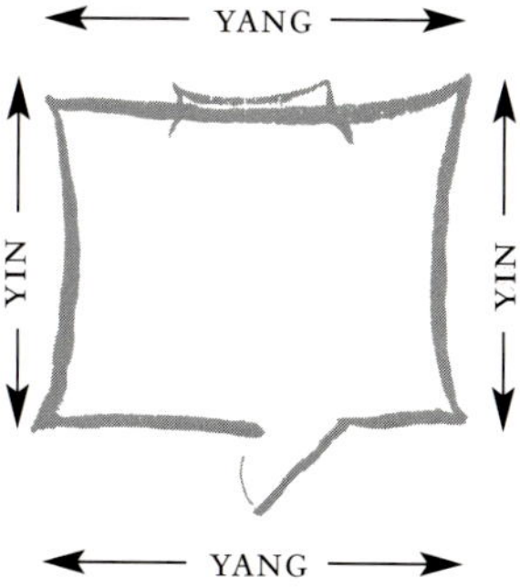

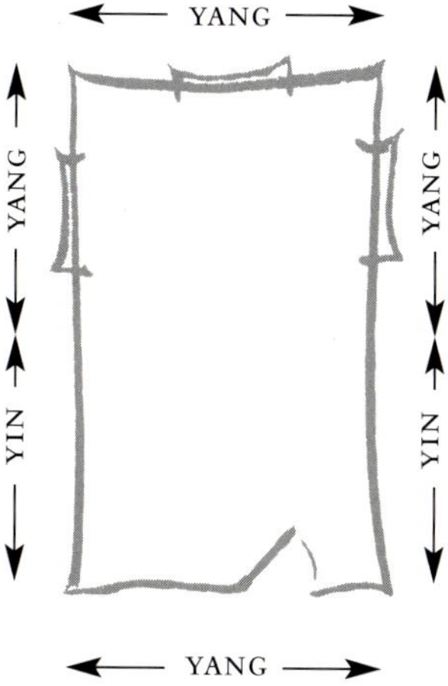

VIVRE EN ÉQUILIBRE

Lieux yin : bois, prairies, coins de verdure ombragés, flancs de montagne propices à la méditation, bords de mer calmes.

Lieux yang : villes, sites ensoleillés, paysages plats propices à une vie active, immeubles de bureaux, montagnes escarpées se prêtant à l'escalade.

Édifices yin : longs, étroits, élancés vers le ciel.

Édifices yang : bien implantés dans le sol, bas, carrés.

Orientation yin : la partie à l'ombre de la maison ou du bureau.

Orientation yang : la partie ensoleillée de la maison ou du bureau.

Type yin : grand, mince, physionomie ouverte, constitution souple.

Type yang : petit, trapu, robuste, physionomie fermée

Esprit yin : créatif, imaginatif, intuitif.

Esprit yang : logique, vif, ordonné.

Émotionnel yin : doux, sensible, peu confiant, dépressif.

Émotionnel yang : fort, ambitieux, confiant, irritable.

Couleurs yin : vert, bleu, tons pastel.

Couleurs yang : jaune, orange, rouge, tons vifs.
Formes yin : rondes, longues, minces, élégantes.
Formes yang : carrées, angulaires, compactes.
Matériaux yin : tissus naturels, bois naturels.
Matériaux yang : métaux manufacturés, verre, pierre polie.

Le yin et le yang étant en constante activité, les différents attributs cités ci-dessus se déclinent sur une échelle, du plus doux au plus fort et du plus grand au plus petit. Analysez votre personnalité à l'aide de cette échelle, en modifiant votre style de vie en fonction du résultat.

LES CINQ ÉLÉMENTS

L'Eau

Le premier élément fondamental du feng shui est l'Eau. Représentée par une ligne irrégulière en forme de vague, elle évoque aussi bien les plus noires profondeurs que les fonds clairs. Si elle semble calme en surface, les tourbillons qu'elle recèle sont synonymes de turbulence et de changement. Sa couleur, le noir, représente l'hiver, époque où le sol dur doit

être préparé pour les semis. Une fois plantées, les graines donnent naissance à une mystérieuse vie souterraine. Son matériau est le verre, comme la glace qui se forme à sa surface.

L'Eau gouverne le discours et la communication. Elle représente le sentiment profond et la puissance cachée.

Le Métal

Le Métal, le second élément fondamental, est représenté par un coucher de soleil, plus particulièrement automnal. Cet élément évoque les épées ou les socs de charrue ; ses couleurs sont le blanc, l'or métallique ou l'argent. Il est symbolisé par un disque ou d'autres formes circulaires, notamment inspirées des pièces de monnaie. Les matériaux les plus volontiers associés au Métal vont de l'acier inoxydable au bronze ancien, avec une préférence pour le cuivre, le laiton, l'or et l'argent. Le Métal se rapproche également du marbre et d'autres pierres dures comme le granit. Ses qualités évoquent la solidité et la confiance, mais aussi le labourage et la livraison des récoltes ; il signifie également le pouvoir et l'inspiration ainsi que la marche en avant, l'épée au poing.

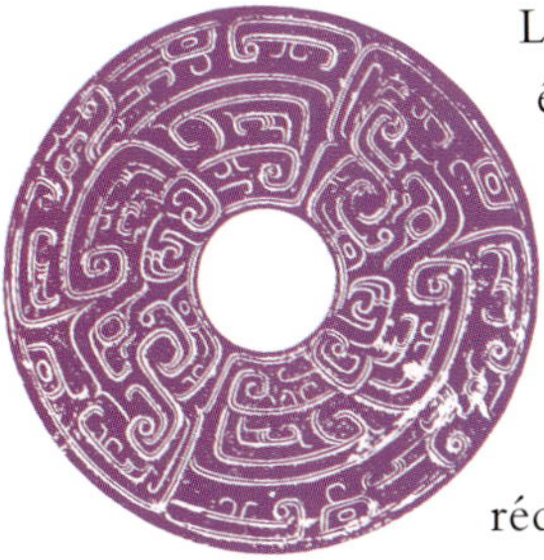

Pour autant, il ne s'apparente pas au désordre : bien dirigée, l'énergie du Métal compense volontiers les faiblesses éventuelles des autres éléments.

La Terre

Le troisième des éléments fondamentaux, l'élément central, ne correspond à aucune direction ni saison particulière — bien que certains praticiens lui associent le sud-ouest et le nord-est. Il est symbolisé par toute forme plate. Ses couleurs — l'ocre, la terre brûlée — rappellent celles de la terre de la Chine centrale. Ses formes sont généralement basses et épaisses, qu'il s'agisse de bâtiments ou de meubles.

On lui associe tous les matériaux naturels, aussi bien en construction qu'en décoration : la brique et la pierre tendre — le calcaire, par exemple —, les fibres naturelles comme le coton ou la soie, mais aussi l'argile et la céramique.

Ses qualités sont la prudence et l'endurance.

Dans la maison, elle est synonyme de stabilité et de chaleur.

Le Feu

Le quatrième élément est représenté par la chaleur du soleil, l'été et le sud. Il crée la vie animale ; sa couleur est le rouge. Symbolisé par le triangle — qui rappelle la forme de la flamme —, il correspond aux édifices et aux montagnes.

On dit que les habitants d'immeubles Feu engendrent des enfants particulièrement brillants lorsque leur bâtiment est entouré des éléments adéquats, tels que de hauts arbres évoquant la force du Bois, par exemple.

Les matériaux Feu sont peu nombreux, cette force pouvant avoir un effet destructeur sur eux. Si le Feu s'apparente souvent aux matières plastiques modernes et à leurs couleurs vives, les relations que celles-ci entretiennent avec les énergies négatives rendent leur utilisation délicate.

Cet élément désigne la passion et l'engagement personnel. Il fournit l'énergie vitale susceptible de raviver un environnement, et, par là même, ceux qui y vivent ou y travaillent. Ce tempérament enflammé est atténué par une chaleur empreinte de générosité.

Le Bois

Le dernier des signes de base englobe toute la vie végétale et se rapporte au printemps, au soleil naissant et à l'est.

Sa couleur, le vert tendre, porte souvent une touche de bleu, reflet du ciel ou de la mer de Chine. Il est symbolisé par les formes élancées, telle que les troncs d'arbres ou les gratte-ciel.

Ses matériaux, naturels, sont tous issus du monde végétal. En Asie, certaines maisons sont construites exclusivement avec ceux-ci. En Occident, on trouve plus volontiers le bois naturel, l'osier, le bambou et le papier dans l'ameublement ou la décoration intérieure, à la maison comme au bureau.

Ses qualités correspondent à celles de la vie, de la croissance et de l'activité sexuelle.

LES CINQ ÉLÉMENTS ET LEURS RELATIONS

Les cinq éléments s'influencent mutuellement de différentes manières. Il existe un cycle positif, dans lequel chaque élément renforce le suivant : le Bois brûle, produisant du Feu, qui crée de la cendre, qui forme la Terre dont est issu le Métal, qui fond comme de l'Eau, qui nourrit le Bois.

Il existe également un cycle négatif, dans lequel l'action s'exerce non sur le prochain, mais sur celui d'après : le Bois soustrait de la nourriture à la Terre, qui pollue l'Eau, qui éteint le Feu, qui fond le Métal, qui coupe le Bois.

En présence de forces conflictuelles, les cycles fournissent de précieuses indications pour rétablir l'harmonie.

Le Feu doit être combattu par un élément fort. En cas de domination Feu, on peut donc introduire des énergies Eau : des tableaux représentant des étendues aquatiques, des objets bleu-vert ou simplement de l'eau.

Le Feu diminue également lorsqu'il nourrit la Terre et qu'il lutte contre le Métal : un pot de céramique placé sur un support métallique peut ainsi se révéler efficace.

La Terre est affaiblie par le Bois, se disperse en nourrissant le Métal et se dissout en absorbant l'Eau. Ces pouvoirs peuvent être réunis sous la forme d'un vase ou d'un récipient de verre contenant des plantes en croissance. On peut avoir recours au Métal seul, en disposant des

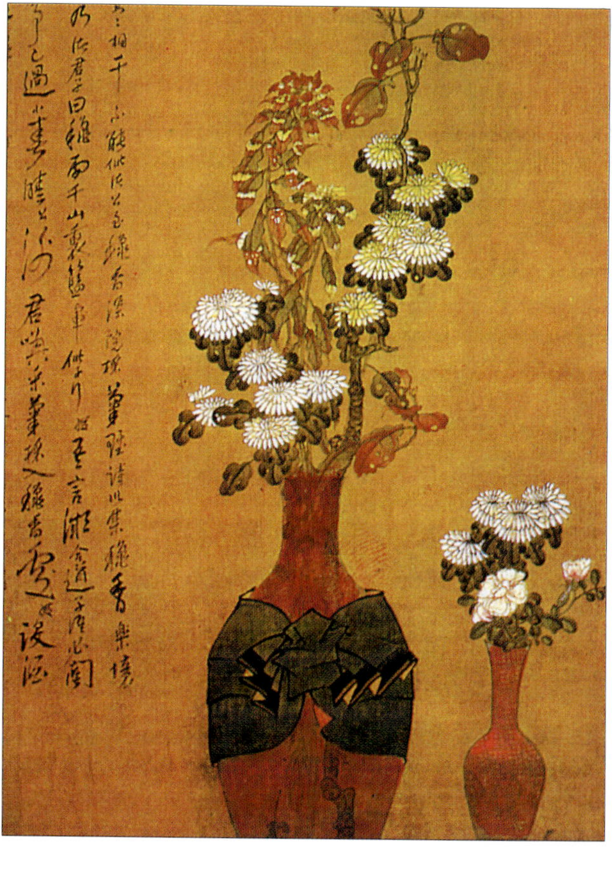

objets métalliques en mouvement, tels qu'un mobile oriental ou un carillon.

L'effet du Bois est réduit par le Métal, et il se consume en alimentant le Feu. Les objets métalliques — sculptures, pendules et autres bibelots — exercent donc une action bénéfique. De même, le Feu agit sous la forme de meubles ou de tableaux de couleur rouge. On peut également placer des lumières très vives, mais elles sont peu esthétiques. En les abritant derrière un panneau de tissu, ce qui est courant en Asie, on obtient des résultats satisfaisants.

Le Métal est affaibli par le Feu et diminue en nourrissant l'Eau. C'est par le Feu, son contraire, qu'il est le mieux combattu : objets et meubles de couleur rouge sont de mise. L'Eau peut également contribuer à dissiper le Métal, notamment par des représentations de scènes aquatiques. On peut combiner les deux en remplissant un joli récipient en verre d'eau colorée de rouge.

L'Eau faiblit face à la Terre ; elle est drainée par le Bois et se disperse en éteignant le Feu. Pour contrer les énergies négatives, on peut recourir à des céramiques naturelles, ainsi qu'à des sculptures et à d'autres objets en bois.

LA CIRCULATION DU CH'I

Il s'agit du flux d'énergie qui tisse, telle une araignée sa toile, un réseau reliant l'homme à la terre et par là même au cosmos tout entier. Certains vestiges de tracés préhistoriques, tels que les sites de Stonehenge et de Carnac, illustrent cette relation.

On retrouve ces lignes de force dans des thérapies telles que le shiatsu et l'acupuncture. Incarnations du yin et du yang, en constante activité, elles représentent également les bases du feng shui. L'énergie du ch'i, véhiculée par notre environnement, influence notre humeur et notre comportement. Le ch'i circule à travers les solides, ce qui explique son action sur « l'atmosphère » des bâtiments.
Le ch'i négatif s'attarde dans les parties sombres, humides et froides des vieilles constructions, où il concentre l'énergie improductive du yin. Il s'introduit librement par les portes et les fenêtres, ce qui explique l'importance de leur emplacement. Il imprègne aussi lentement les murs.

Tant qu'il ne rencontre aucun obstacle, le ch'i reste positif ; il doit pouvoir circuler librement, sans se heurter à des murs de briques. Les miroirs détournent sa course (nous y reviendrons plus loin). Il faut éviter de le laisser traverser un intérieur de part en part — grâce, par exemple, à un couloir reliant la porte d'entrée à la porte arrière ou par des fenêtres placées les unes en face des autres. Non seulement il serait alors dans l'incapacité de déployer son énergie tonifiante, mais il pourrait, dans son élan, emporter celle déjà présente. Une allée légèrement sinueuse conduisant à la porte d'entrée attire le ch'i positif et chasse le sha négatif.

Autres conducteurs d'énergies ch'i négatives et néfastes : les matériaux de construction inappropriés, comme les matières synthétiques. De même, l'air conditionné peut avoir un effet dévastateur, en projetant le ch'i hors de son parcours naturel. Les recoins sombres et les couloirs sinistres ralentissent sa circulation et créent une atmosphère léthargique, qui peut nuire aux habitants.

Les angles saillants perturbent la trajectoire du ch'i. Un meuble à coins aigus placé devant un tel angle constitue un obstacle particulièrement important.

Une puissante force vitale négative s'oppose au ch'i : le sha. Contrairement au ch'i circulaire, le sha part droit devant lui, comme une flèche. La peur des lignes droites sha expliquerait, selon certains, la lenteur de développement du réseau ferroviaire chinois.

Le sha peut également être attiré par la présence de dépendances extérieures, d'autres propriétés, de routes ou de lignes à haute tension dirigées vers la maison. Il faut alors faire une diversion en plantant des arbres, en disposant des miroirs, voire en déplaçant des petites constructions. De même, le sha est sollicité par des allées menant directement à l'entrée d'un immeuble. Un chemin en zigzag ou en courbes agit

de manière plus favorable. Si votre site dispose déjà d'une allée tracée en ligne droite et que celle-ci ne constitue pas un accès automobile, modifiez-la par des plantes en pot, de la rocaille ou une bordure de buissons.

LES HUIT TRIGRAMMES

Les huit trigrammes, présents dans nombre de systèmes mystiques et divinatoires, ont été définis par l'empereur Fuxi en 2000 av. J.-C. Chaque trigramme est une combinaison de trois lignes yin ou yang. En les combinant entre eux, on obtient 64 hexagrammes.
Ils représentent chacun un type différent d'énergie, pourvu de qualités en rapport avec les cinq éléments (précédemment décrits dans cet ouvrage) et d'une direction. Cette dernière est essentielle pour déterminer l'orientation des forces à l'intérieur d'une pièce ou d'une maison.

Kien. Direction : nord-ouest ; élément : Métal ; entièrement yang ; signifie le début ou la fin, car il symbolise aussi bien la sagesse collective de la fin d'un cycle que celle d'un nouveau départ. C'est un signe masculin, lié au père, mais qui peut aujourd'hui désigner le principal soutien de famille.

Dans le contexte professionnel, il représente le responsable, l'organisateur. Sa couleur est le blanc argenté de l'âge, de l'hiver et de la sagesse.

☵ **Kan.** Direction : nord ; élément : Eau ; yang entouré de yin, lequel exerce une fonction modératrice. Il représente la conception ainsi que la roue de la fortune, c'est-à-dire la vie. Professionnellement, la roue symbolise les garages, les machines, les voyages. Il se rapporte au calme, à la spiritualité et à la sexualité. Sa couleur blanchâtre évoque la transparence et le changement. C'est le signe du milieu de l'hiver et des profondes réflexions nocturnes.

☶ **Ken.** Direction : nord-est ; élément : Terre. Le benjamin fait son apprentissage en quittant le foyer pour chercher la connaissance. Son symbole est une montagne qui doit être escaladée de manière métaphorique. Sa blancheur éclatante évoque l'affection des parents, pour qui il pourrait représenter une bénédiction tardive.

☳ **Tchen.** Direction : est ; élément : Bois ; symbole : l'éclair. C'est le fils aîné, sur lequel repose la responsabilité de l'héritage. La ligne inférieure yang (la première) remonte aisément à travers les deux lignes yin pour s'épanouir comme un lever de soleil. Il représente le dynamisme, la continuité de la lignée familiale et l'énergie débridée, dont la couleur naturelle est le vert.

☴ **Siuan.** Direction : sud-ouest ; élément : Bois. Il représente la fille aînée, qui doit se montrer responsable au sein du foyer familial avant de fonder le sien. La douce ligne yin et les deux lignes yang protectrices expriment la continuité. Néanmoins, sa position d'aînée lui donne une force propre. Avec le vent pour symbole, elle trouvera sa voie.

☲ **Li.** Direction : sud ; élément : Feu. C'est la fille cadette, dont le mérite risque de passer inaperçu jusqu'au mariage de son aînée. Elle sera récompensée de son dur labeur par un mari ou une carrière couronnée de succès. C'est le signe de Cendrillon, la méprisée, qui garde son optimisme intact jusqu'à l'arrivée de son prince charmant. Son symbole est le feu.

☷ **Kouen.** Direction : sud-ouest ; élément : Terre. Il évoque la mère, dont le rôle est de nourrir et de secourir ceux qui l'entourent, malgré une direction difficile à maîtriser. Bien que les trois lignes yang suggèrent une extrême douceur, elles se donnent mutuellement la force de s'occuper des enfants, de diriger des hôpitaux et de maintenir l'harmonie familiale. Curieusement, sa couleur est le noir.

☱ **Touei.** Direction : ouest ; élément : Métal. La ligne yin supérieure est bien soutenue par les deux lignes yang inférieures. Autrement dit, après avoir accumulé suffisamment de réserves mentales et physiques, le temps est à la détente et au bien-être. Son symbole est le lac, une surface calme qui repose sur un fond solide, souvent d'ordre financier. Il correspond à la benjamine, pleine de vie et de joie, comme le désigne sa couleur, le rouge.

ASTROLOGIE ET FENG SHUI

Dans le feng shui chinois, la constellation de la Grande Ourse (ou du Chariot) pointe vers l'étoile Polaire durant les quatre saisons. Ses neuf étoiles (sept visibles et deux « compagnons ») correspondent aux neuf orientations, positives et négatives, qui forment la base du feng shui et de sa version japonaise, les Neuf ki. Le ki est l'équivalent du ch'i, la force vitale fondamentale.

Les deux systèmes ont en commun l'utilisation du Luo Shu, ou Carré magique, découvert lors de l'élaboration du traité philosophique du Yi-king.

En Chine, les praticiens de l'astrologie des Neuf ki ont recours aux tableaux des cycles de l'énergie terrestre (d'une durée de neuf ans) pour déterminer l'énergie ki (ou ch'i) d'une personne lors de son année de naissance, mais aussi du mois et du jour de celle-ci. Le nombre trouvé permet d'établir la base de l'affirmation de sa personnalité, les périodes les plus favorables à la maximisation de son niveau d'énergie, ainsi que les moments les plus propices aux changements dans son environnement lointain et immédiat.

ANIMAUX PROTECTEURS

En feng shui, tout comme en astrologie chinoise, les animaux sont synonymes de protection ; on les retrouve dans les formes particulières du paysage. Autrefois révélés en tant qu'esprits aux chamans et aux prêtres, ils contiennent une énergie bénéfique et bloquent efficacement les influences destructrices.

Le Dragon vert domine, sous la forme d'une montagne ou d'une colline, l'un ou l'autre côté du site. Il garde le côté gauche et la qualité de la protection se mesure à son aspect. De même, le Tigre blanc protège le côté droit. À l'avant règne le Phœnix rouge ; il peut être représenté par un léger dénivelé, qui n'obstrue pas la vue. La Tortue noire, qui veille à l'arrière, ne dépasse pas le site. Lorsque l'on se trouve face à ce dernier, le Dragon vert siège à gauche et le Tigre blanc à droite.

HAUT
TIGRE
BLANC
SITE
LONG
DRAGON
VERT

HAUT
DRAGON
VERT
SITE
TIGRE
BLANC

LES LIGNES DU DRAGON

Le terrain joue un rôle fondamental dans la détermination du feng shui d'un site ou d'une future maison. La première caractéristique à prendre en compte est le Dragon, c'est-à-dire la montagne ou la colline. Les moindres pics et dénivellations doivent être analysés. Ce sont la tête, le corps et les membres du Dragon. Tout cours d'eau qui traverse le terrain représente ses veines. On dit qu'elles diffusent le souffle du Dragon, les voies de l'énergie tellurique. Elles contiennent également des champs magnétiques qui viennent en aide au praticien du feng shui.

Jadis, les communautés se plaçaient sous la protection pacifique du Dragon pour accéder à la prospérité. Certains avancent que sans les Neuf Dragons (Kowloon en chinois) situés au nord de Hong-Kong, la ville n'aurait jamais connu un tel essor.

Les veines du Dragon se répartissent en 4 catégories : royales, ordinaires, cohérentes ou éparpillées. Les veines royales parcourent les chaînes de montagnes dotées de pics, d'arêtes et de vallées. Les ordinaires se trouvent dans les chaînes montagneuses plus modestes. Les veines cohérentes dessinent un tracé continu autour du site choisi, entouré des « bras » de la montagne ou de la colline. Les veines

éparpillées se révèlent difficiles à déchiffrer, car on peut rencontrer des petits groupes cohérents à l'intérieur d'un ensemble de veines à l'apparence anarchique.

Le degré d'influence d'une veine se détermine par la façon dont elle commence et dont elle finit. Une pente progressive et des collines se fondant lentement dans la plaine indiquent que l'énergie du Dragon est réabsorbée par la terre. Des bords abrupts empêchent l'énergie de trouver son équilibre. Ces signes ne présagent rien de bon pour les villes ou les villages qui y sont établis.

Les plaines ou les terrains n'offrant aucune caractéristique visible ne sont pas forcément dépourvus d'énergies favorables. Si le Dragon reste le plus propice, certaines formes de rivières, de lacs et même de cours d'eau artificiels sont également de bon augure.

Dans les villes, un Dragon peut se déceler dans la silhouette des toits. De même, la circulation peut évoquer un cours d'eau.

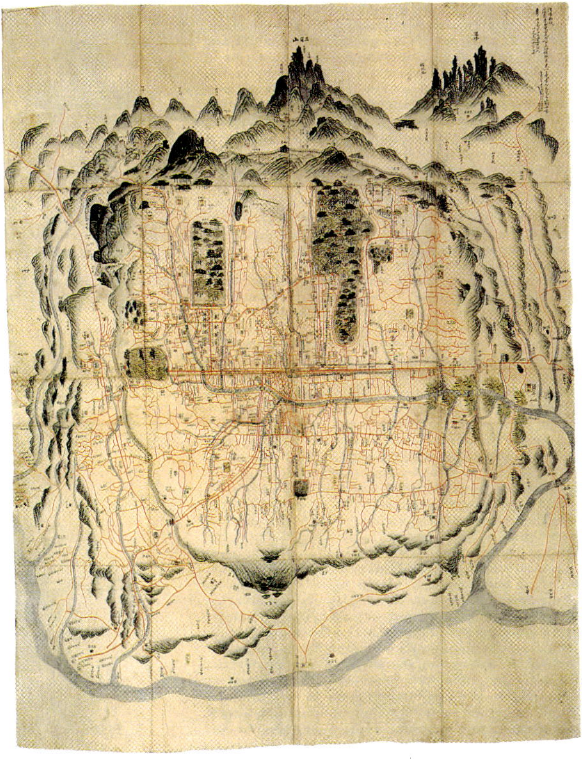

FORMES ANIMALES

Certaines formes de paysage évoquent des silhouettes d'animaux. Ces lieux constituent des sites particulièrement propices et puissants ; on pourrait leur consacrer un ouvrage entier. On dit qu'elles ont absorbé le pouvoir du soleil et de la lune, c'est-à-dire les forces fondamentales du yin et du yang. Les formes simples, telles que le Tigre à l'affût, le Phœnix déployant ses ailes ou la Grue redressée contiennent une énergie limitée, qui ne se renouvelle plus après avoir été absorbée par une maison ou un site funéraire : seule la génération du premier occupant en bénéficie.

Les formes dynamiques évoquant des animaux en mouvement, tels que le Dragon volant, le Serpent affolé, le Lion à la balle ou le Tigre rôdant, sont actives. Elles peuvent rassembler et stocker l'énergie comme la diffuser. Ainsi, celle-ci se répercute sur plusieurs générations.

LES MONTAGNES

En feng shui, les montagnes se classent selon leur forme mais aussi en fonction des cinq éléments (c'est-à-dire l'Eau, la Terre, etc.). Les immeubles répondent aux mêmes critères.

Montagnes Eau. Montagnes irrégulières, sans forme définie, au sommet arrondi. Les immeubles de cette catégorie possèdent une silhouette asymétrique, des flèches inhabituelles, différents types de toitures, des formes courbes et ont subi plusieurs ajouts au fil des ans.

Montagnes Métal. Elles offrent des pentes douces et des pics arrondis. Les immeubles Métal portent des toits courbes ou des dômes et disposent de portes et de fenêtres cintrées.

Montagnes Terre. Elles se caractérisent par des flancs abrupts et des sommets plats. Les immeubles sont bas, au toit plat, et servent souvent de logements de service.

Montagnes Feu. Elles sont triangulaires et dotées de pics acérés. Les bâtiments à toit pointu, tels que les églises, et ceux de forme pyramidale appartiennent à cette catégorie.

Montagnes Bois. Elles ressemblent aux montagnes Terre, si ce n'est que leurs flancs moins abrupts mènent à un sommet légèrement plus arrondi. Les tours ou les églises dépourvues de flèches se classent dans cette famille.

La plupart des paysages naturels ou urbains se composent d'un mélange de ces caractéristiques. Parmi les combinaisons possibles en feng shui, 24 d'entre elles constituent des lieux puissants parcourus d'énergies particulièrement favorables. Ainsi en est-il d'une Montagne Eau qui rencontre une Montagne Bois. Comme nous l'avons vu dans le chapitre sur les relations entre les cinq éléments, la première nourrit la seconde. Le Bois s'implante alors doucement dans le sol, créant des fondations solides. Ce site suscite donc richesse et prospérité.

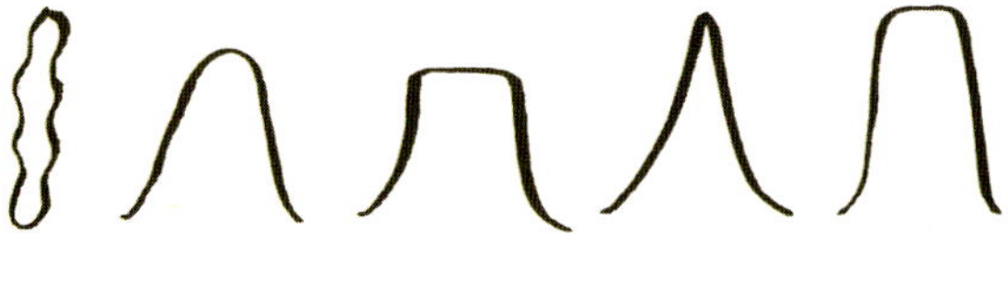

EAU MÉTAL TERRE FEU BOIS

LA BOUSSOLE

L'instrument qu'utilise le praticien du feng shui est le Lo'Pan, qui signifie filet en chinois. Cette boussole est ainsi appelée car elle inscrit le flux d'énergie sur une grille rappelant le dessin d'une toile d'araignée. Cette boussole géomantique comporte neuf cercles. Elle se place sur une ligne droite de l'objet et suit la même direction que celle dans laquelle est effectuée la lecture.

Le centre de la boussole est désigné par le terme de Source du Paradis, ou Tai Chi. Il marque le point de départ du souffle vital. Le premier cercle, tourné vers l'extérieur, porte les huit trigrammes, décrits précédemment dans cet ouvrage. Il indique la puissance relative du yin et du yang ainsi que le passage des saisons, de l'hiver yin à l'été yang. Le deuxième possède les neuf étoiles : le Chariot et les deux compagnons. Elles évoquent la forme de neuf montagnes. Le troisième suit la position de 24 autres montagnes, qui correspondent aux directions d'un compas marin. Le quatrième énumère les huit étoiles Tzu Wei, système astrologique du même nom, fondé sur l'étoile Polaire. Sur les cinquième et sixième cercles sont inscrits les 64 hexagrammes, à savoir toutes les combinaisons possibles des huit trigrammes. Ceux du cinquième se réfèrent au présent, tandis que ceux du sixième se rapportent à l'avenir. Le septième cercle comprend les 24 périodes du calendrier solaire, toujours en usage aujourd'hui. Le huitième cercle contient les 28 constellations et sert à déterminer le moment et le lieu des funérailles. Le neuvième cercle, extérieur, est divisé en 360 degrés.

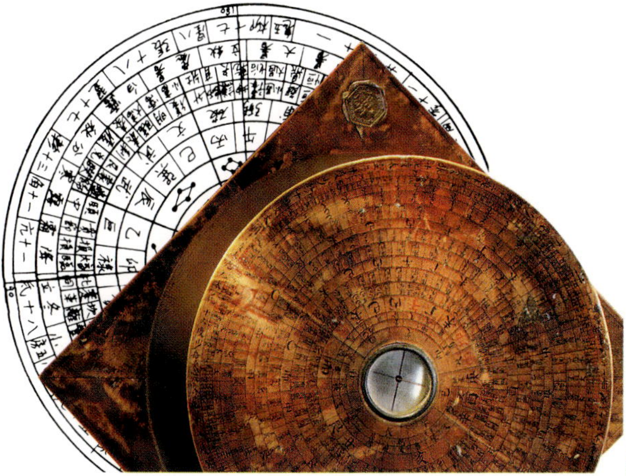

LES NEUF PALAIS

Ce sont les huit directions de la rose des vents, auxquelles vient s'ajouter le centre. Ils révèlent le flux des forces positives et négatives. À chacune des positions sont associés un trigramme et un couple chiffre/couleur appelé étoile.
La combinaison de base des palais est déterminée par le Carré magique : quel que soit le sens dans lequel on additionne les chiffres, répartis sur trois rangées, on obtiendra toujours le nombre 15.

Direction	*Trigramme/ Palais*	*Nombre/ Couleur (Étoile)*	*Élément*
nord	Kan (eau)	un-blanc	Eau
sud-ouest	Kouen (terre)	deux-noir	Terre
est	Tchen (tonnerre)	trois-jade	Bois
sud-est	Siuan (vent)	quatre-vert	Bois
centre	aucun	cinq-jaune	Terre
nord-ouest	Kien (paradis)	six-blanc	Métal
ouest	Touei (lac)	sept-rouge	Métal
nord-est	Ken (montagne)	huit-blanc	Terre
sud	Li (feu)	neuf-violet	Feu

Le Carré magique fut conçu par l'empereur Fuxi, à qui l'on doit le Yi-king. Le praticien du feng shui s'en sert comme d'une carte et d'un calendrier. Il permet de déterminer la date d'un déménagement ou d'un voyage, par exemple. Le chiffre cinq se trouve toujours au centre. Le Carré peut être utilisé dans le sens des aiguilles d'une montre ou dans le sens inverse.

4	9	2
3	5	7
8	1	6

Sens des aiguilles d'une montre

6	1	8
7	5	3
2	9	4

Sens inverse

MIROIR, MIROIR

Les miroirs constituent de puissants outils pour le feng shui, dans la mesure où ils reflètent aussi bien qu'ils détournent l'énergie. Ils sont donc capables d'amplifier le positif et de chasser le négatif, c'est-à-dire d'encourager la circulation du ch'i et de dissiper le sha. En Chine, les anciens vénéraient les miroirs comme des portes donnant accès à l'au-delà. Ils ornaient le dos des glaces de symboles inspirés des trigrammes du Yi-king.

En feng shui, les miroirs peuvent renvoyer la lumière dans les parties yin sombres, qui favorisent la léthargie. Ils peuvent être placés sur les murs nord pour apporter, si besoin est, de l'énergie yang ensoleillée supplémentaire. Un miroir en longueur disposé dans une entrée compense l'aspect « lame de couteau » d'une porte qui s'ouvre vers l'intérieur. Si votre porte palière fait face à celle du voisin,

une glace judicieusement placée peut chasser un conflit potentiel. Cette précaution s'impose également lorsqu'un arbre ou un lampadaire s'élève juste devant la maison.
Si votre maison donne sur un carrefour, les miroirs convexes dévient les énergies excessives qui s'en dégagent.
Dans une chambre à coucher, l'emplacement des miroirs prend une importance primordiale.
Les anciens croyaient que si l'âme du dormeur se voyait dans la glace, elle prendrait peur et quitterait son enveloppe charnelle. Placez donc le miroir de manière à ce que la tête du lit ne s'y reflète pas.

En matière de décoration, les goûts personnels comptent pour beaucoup. Néanmoins, le miroir le plus efficace pour résoudre des situations difficiles consiste en un miroir octogonal portant les huit trigrammes inscrits au dos, ou au moins fixés dessus.

LE FENG SHUI FLORAL

Les fleurs contribuent parfois, selon leur couleur et leur forme, à améliorer l'énergie ch'i.

Le bleuet : sa couleur bleu clair ouvre des lignes de communication et sa forme en étoile aide les personnalités extraverties. Les pieds d'alouette produisent des effets similaires, leur longue tige étant porteuse d'énergie Bois.

L'œillet : les œillets rouges et roses sont synonymes de romantisme, tandis que les blancs symbolisent la dignité.

Le lis : les lis ont une influence apaisante sur les zones trop pleines d'énergie, de par l'association entre les hautes tiges et les fleurs dirigées vers le bas.

Le tournesol : le pouvoir du tournesol et de son énergie Feu est aujourd'hui reconnu. Également pourvu d'énergie Terre, il possède une influence stabilisatrice.

La rose : traditionnellement associées aux idylles, les roses rouges et leur énergie Métal décuplent véritablement l'énergie ch'i, en particulier lorsqu'elles sont placées à l'ouest.

L'iris : à travers son énergie Bois, il renforce tranquillement l'énergie ch'i, surtout lorsqu'il est violet.

La tulipe : l'énergie Métal est contenue dans les fleurs à corolle en bol. Les tulipes rouges peuvent favoriser une idylle, tandis que les roses encouragent le plaisir sensuel si on les place à l'ouest. Les blanches apportent du repos lorsqu'elles sont disposées au nord-est.

POUR UN BON VOISINAGE

Les conflits de voisinage peuvent s'aggraver, s'expliquer ou s'éviter en comparant la forme de chaque maison.

Lorsqu'elles sont entourées de constructions Bois, les constructions Eau font parfois naître une atmosphère léthargique. Des éléments Eau supplémentaires apportent de l'énergie. À proximité de bâtiments Feu, les maisons Eau créent une disharmonie. Il faut alors placer de l'énergie Bois, par le biais de plantes par exemple. Lorsque l'Eau voisine avec des immeubles Terre, l'atmosphère devient parfois pesante. Elle est soulagée par des éléments Métal. Un climat idéal et serein règne lorsque les constructions Eau s'entourent de Métal.

Les bâtiments Métal à proximité d'Eau exercent une action négative sur le domaine financier. Des éléments Terre et Métal sont nécessaires, comme par exemple des arbustes ou des objets métalliques brillants. Si elles sont entourées de Bois, les constructions Métal font naître de la frustration chez leurs voisins. Il faut alors avoir recours à davantage d'énergie Eau. Lorsque le Métal est entouré de bâtiments

Feu, des problèmes financiers surgissent, puisque le Feu fait fondre le Métal. De l'énergie Terre rétablit l'équilibre. Les immeubles Métal cernés d'éléments Terre ont une influence positive sur les profits fonciers.

Des maisons Terre entourées de Métal créent de l'insécurité. Celle-ci peut être chassée par des éléments Terre et Feu. Trop d'Eau dilue la Terre et disperse sa vitalité. Le Métal est alors le bienvenu, sous la forme, par exemple, de mobilier de jardin en métal brillant. Pour les immeubles Terre, la proximité du Bois est synonyme de fragilité dans le domaine de la santé. Seul le Feu peut y remédier.

Les constructions Terre encerclées de Feu connaissent une atmosphère familiale chaleureuse.

Si des maisons Feu se trouvent dominées par des habitations Terre, ses occupants sont freinés dans leur élan. Il faut de l'énergie Bois, peut-être sous la forme de grands arbres. Des immeubles Métal situés à proximité de constructions Feu propagent une influence négative dans tout le voisinage. Pour la combattre, introduisez des éléments Terre, notamment dans le jardin. Les bâtiments Eau inondent les constructions Feu et placent ses habitants sous une sorte de menace. Cherchez à atteindre le ciel à l'aide de l'énergie Bois, à nouveau par de grands arbres. Les immeubles Feu gagnent à côtoyer des constructions Bois : ses habitants figurent alors au centre de leur communauté.

Les constructions Bois périssent par les propriétés Feu qui les entourent. Cela peut se traduire par une carrière qui part en fumée. Ajoutez un élément Eau tel qu'un étang de jardin. Du Bois cerné de bâtiments Terre crée une ambiance néfaste. Dégagez l'atmosphère par de l'énergie Feu sous la forme, par exemple, d'un éclairage original. Du Métal qui cerne du Bois limite l'énergie et la clairvoyance. L'Eau se révèle alors nécessaire. Les bâtiments Bois sont mis en valeur par la proximité de constructions Eau, qui accroissent la lucidité.

L'HARMONIE AU TRAVAIL

L'harmonie sur le lieu de travail est fortement influencée par les Neuf Palais et leur étoile chiffre/couleur correspondante. Les principes édictés voici des siècles pour l'emplacement d'une maison chinoise peuvent porter chance à une entreprise, en favorisant les bonnes relations entre employés. Les règles sont les mêmes pour un immeuble de bureaux ultramodernes ou une boutique que pour une construction chinoise traditionnelle.

Les bâtiments de brique rouge appartiennent à l'élément Feu et attirent les problèmes liés au Feu. Les façades réfléchissantes et les vastes panneaux de verre rejettent une grande quantité d'énergie.

L'emplacement de l'entrée est important. Les associations d'étoiles suivantes constituent des signes de bon augure car elles représentent la richesse, la prospérité et la fortune : six-blanc et huit-blanc, un-blanc et six-blanc, ou encore six-blanc et huit-blanc. En revanche, la combinaison deux-noir et trois-jade est à éviter ou à corriger, car elle présage des inimitiés dans le travail. Une fontaine placée devant l'entrée se révèle particulièrement favorable, surtout si elle se dresse au milieu d'un grand espace d'accueil, qui agit comme un collecteur d'énergie.

Il est préférable que les ascenseurs soient situés à l'écart du hall d'entrée, afin que le ch'i ne circule pas trop rapidement à l'intérieur du bâtiment. Les grands miroirs détournent l'énergie et sont à éviter, sauf si la situation de l'entrée par rapport à la voie d'accès attire les forces néfastes sha.

Si vous avez la possibilité de choisir votre bureau, ne vous installez pas face à un ascenseur, sous peine de recevoir trop d'énergie négative. Tenez-vous aussi éloigné que possible du parking, surtout s'il se trouve sous le bâtiment. Le mouvement des véhicules produit un effet déstabilisant.

L'emplacement de la table de travail, tout aussi important, est également influencé par les étoiles. Ne la placez pas sous une poutre apparente qui pourrait « écraser » le succès potentiel. La meilleure position est six-blanc et huit-blanc, signe de réussite en affaires. Face à une fenêtre ou à une place, une association neutre s'impose. Parmi celles à éviter figurent deux-noir et trois-jade, ou sept-rouge et six-blanc : elles évoquent la rivalité et les coups bas.

Les plantes améliorent un lieu professionnel, celles associées aux cinq éléments possédant une force particulière. La jacinthe, liée au Bois, est une plante droite qui rehausse le ch'i. Le palmier, plante Feu, apporte une vigoureuse énergie yang, idéale pour les coins « morts ». Le cyclamen et le bégonia, porteurs d'én-ergie Terre, favorisent les idylles professionnelles sans provoquer de conflits. Il a récemment été reconnu que le lis, associé au Métal, produit un effet apaisant sur les environnements informatisés car il absorbe les ondes électriques.

REMERCIEMENTS

Les illustrations proviennent du National Museum de Corée, du musée du Palais, Taipei, de la Librairie Viollet, Paris, de Fotogram, Espagne, de la Corcoran Collection et de Grapharchive, Londres.

Les éditeurs se sont efforcés d'identifier toutes les sources des illustrations. Toutes les erreurs et les omissions seront rectifiées dans les éditions futures.